TABLEAU

DES MINISTRES

OU

MÉMOIRE

ET CONSTITUTION

SUR LE PROJET D'UNE RÉPUBLIQUE

A SAINT - DOMINGUE,

ÉTRENNES AUX CRÉOLES.

Mais s'ils cessoient d'avoir pour maîtres des rois éloi-
gnés, ce seroit peut-être le peuple le plus étonnant
qu'on eût vu briller sur le globe ; ce seroit la nation
la plus florissante que la philosophie et l'humanité
pourroient desirer pour le bonheur de la terre.

Hist. philos. et polit. des deux Indes, L. XI.

1790.

MÉMOIRE.

Il est des temps malheureux où chaque homme prend un caractere, où le roi ne paroit plus qu'un homme (*Philosophie de la nature*).

SI jamais cette réflexion d'un écrivain moderne persécuté par les dévots et les despotes peut recevoir une application juste, c'est dans la circonstance actuelle. Sans vouloir imputer au jeune monarque qui gouverne la France les désordres auxquels elle vient d'être en proie, au moins sans injustice peut-on lui reprocher une lâche complaisance pour la reine, une déférence outrée aux volontés de ses courtisans, une confiance aveugle en ses ministres.

Louis XVI, en montant sur le trône, appelle auprès de lui le comte de Maurepas; ce vieillard imbécille, que l'on croyoit un Mentor, ne sut pas répondre à la confiance de son Télémaque. Content du titre de premier visir, il laisse à sa joyeuse épouse les détails du cabinet: elle aimoit la comédie, les proverbes ; il lui falloit une troupe : delà, Hue de Miromesnil, habile dans le rôle de Crispin, en échange le manteau contre la simarre de garde des sceaux.

Vergennes vient prendre le timon diplomatique ; Vergennes, dont la réputation n'est plus équivoque ; tant qu'il n'eut que des paquets à cacheter, des couriers à dépêcher, des révérences à faire au nom du roi son maître, il parut un grand homme ; mais son œil étoit acclimaté aux glaces du Sund ; sa rétine fut fatiguée de l'éclat du foyer politique. Enfin, comme l'a dit Linguet, il fut étranger aux affaires étrangeres (1).

____

(1) On ne doit pas faire les honneurs à M. de Vergennes de l'insurrection de l'Amérique en signant la paix de 1763. Lord Chatam, dit M. de Choiseul, projetta la scission des Colonies avec la Métropole. Ce qui déshonorera à jamais M. de Vergennes, c'est l'invasion de la Prusse en Hollande. A cette époque il n'étoit plus ; mais depuis long-temps on le prévenoit. Il eût dû soutenir le patriotisme soufflé par M. de la Vauguyon, et alimenté par M. de Vergennes de toute sa déplomatique, il n'y avoit que son tournebroche qui faisoit du bruit à la Haye.

Turgot paroît aux finances. Trop honnête pour rester dans une cour qui commençoit à se gangréner, il ne put tenir contre la cabale du luxurieux Séguier, de l'amollisseur de cachets Rigoley d'Ogny. Depuis long-temps celui-ci lorgnoit le contrôle pour son ami! Clugny de Nuys. L'anagramme de son nom *indignus luce* le peint au naturel. Protéger, enrichir les coquins, faire de son hôtel un serail, telle fut pendant un regne de six mois son unique occupation. Heureusement la mort nous en délivre.

On fait venir Tabourneau des Reaux ; on connoissoit son ineptie ; on lui adjoint le calculateur Necker, homme vraiment problématique. Certes, il faut qu'il ait un fonds inépuisable et une versalité de talens pour acquitter la lettre de change que l'Europe entiere tire sur lui. Comment la postérité le jugera-t-elle ? sera-t-il le pendant de l'empirique Law ? Je l'ignore : ce qu'on peut dire, s'il n'est pas un grand homme, il est plus habile charlatan que Mahomet ; par l'enthousiasme pour un fantôme de liberté, forcer une nation douce, aimable, philosophe, polie, idolâtre des Bourbons, de jouer le rôle de farouche républicain, de faire passer un roi de cette race sous les fourches caudines : il a changé le caractere du bon parisien. Tout-à-coup on l'a vu quitter la marotte de Momus et prendre le casque de Bellone. C'est le siecle des prodiges; mais n'anticipons point sur les époques.

En récitant son bréviaire, de Muy venoit de descendre au tombeau. Le Cincinnatus du Rhin est arraché à ses poireaux : on eût prudemment agi de lui laisser greffer ses arbres : il traita le militaire françois comme un espalier. Son adjoint lui succéde, Montbarey, le plus crapuleux des hommes. A la honte de l'honneur françois, l'on vit alors les cordons, les croix découler de dessous le cotillon de l'impudique Renard.

Le petit saint étoit expiré dans les bras de la Sabathier. L'indolent Amelot, le bourru Breteuil, avoient régi la maison du roi. Sartine, nommé au ministere, montra qu'il étoit fait pour allumer des lanternes, fomenter un monopole, rançonner un tripot, et non propre à combiner les évolutions d'une escadre. Son inhabileté reconnue, le gendarme Castries prend le porte-feuille. C'étoit un savant dans le *port de Lunéville*; il avoit appris les détails de la marine, il abandonne tout à la comtesse de Blois ; aussi Rodney nous battit aux Antilles ; et pour fournir au luxe des habitans du palais-royal, l'on inventa les cônes de Cherbourg(1).

Cependant la cabale autrichienne avoit débusqué le genevois ; on vouloit qu'il fût à la messe ; alors on projettoit de colloquer Calonne ; mais le parallele eût été trop choquant, il falloit des intermédiaires. Joly de Fleury, aussi coquin que son neveu ; le Maubeuge ou le Chansonne, et bardé du cordon bleu, il retourne chez le président d'Ormesson ; il régloit bien la maison de Saint-Cyr ; le chaos des finances embrouille sa jeune tête.

On ne pensoit plus à l'associé de Girar-

------

(1) Rien de plus mal combiné que ce projet. Une carte à la main, l'on verra que par la position du port, on n'en peut sortir que d'un vent de Sud et d'Est ; si on l'eût établi à la Hougue, six lieues plus loin, on trouvoit une rade sûre et de laquelle on eût pu toujours sortir. Un banc refusé à M. de Cessart l'ingénieur, dans l'église de S. Wast, l'a fait construire à Cherbourg, par motif de vengeance ; et voilà comme les intérêts d'une nation sont sacrifiés !

A 4

dot ; la paix étoit conclue : on présente Calonne, membre odieux de la commission
de Bretagne ; il étoit dans une cruelle al-
ternative, l'hôtel de la Force ou celui du
contrôle. On le niche dans ce dernier. Aux
courtisans le bon saint avoit promis monts
et merveilles. Il a tenu sa parole. « Tenez,
» voilà le trésor-royal, prenez ; laissez-en
» pour moi : dites-nous, Philippe de Fran-
» ce, Coigny, Polastron, Polignac, Ge-
» nest, Dehamans, Bacchantes de Neuilly,
» de Genevilliers ; et toi, gentille le Brun
» la bien-aimée, combien avez-vous man-
» gé ? de bon compte, 3oo millions, et
» n'en parlons plus ». Cette S. Barthele-
my d'especes avoit réduit l'état aux abois,
il ne restoit plus d'autre parti que d'enga-
ger la couronne au lombard, dont l'hôtel-
Dieu est caution. Ainsi le royaume étoit à
l'hopital, et la banqueroute nationale dé-
clarée.

Un prêtre délié dénonce ces abus aux
notables ; on le croit patriote, il n'étoit
qu'égoïste. Calonne est exilé.

Rongé d'ambition, M. de Toulouse vouloit devenir un Mazarin. Créé premier ministre, Ségur et Castries ne veulent pas

recevoir ses ordres ; ils trouvent indécent qu'une crosse commande à leurs bâtons. Ils se retirent. Le scrophuleux prélat se réjouit ; c'étoit son but : avec Montmorin il partage la dépouille ; place son frere à la guerre, donne les sceaux à Lamoignon ; à Montmorin la marine, à son allié le gouvernement de Saint-Domingue. Ainsi bastionné, Brienne se croit tout permis : avec Lamoignon, il fabrique des édits désastreux ; on les refuse à l'enregistrement ; les cours sont exilées, le peuple murmure, on entre en pourpaler, les parlemens reviennent, nouvelles tentatives, nouveaux obtacles ; l'autorité se déploie, le temple de Thémis devient un camp, il est hérissé de soldats, les bayonnettes pénetrent jusques dans le sanctuaire, les ministres en sont arrachés; cet attentat n'effraye point la robe, elle tient bon, le roi recule, les visirs sont renvoyés.

Bouvard de Fourqueux, contrôleur général hebdomadaire, n'avoit faitque rappeller au public sa honte et les galanteries de son épouse. Remplacé par Villedeuil, celui-ci n'a pas le temps de connoître l'hôtel ; enfin Lambert n'avoit pu montrer, un seul dimanche , à l'œuvre de la paroisse , un contrôleur général.

Cette fluctuation de cabinet étoit le symptôme certain d'un danger pressant. La châsse de Sainte-Geneviève n'eût pu sauver l'état. Le public nomme l'Hyppocrate en finance , le crédit renaît ; la crise va s'opérer. Pressé par les cris de la nation, le roi va se communiquer à son peuple , écouter ses doléances, suivre ses conseils. Convocation des états généraux , dispute entre les trois ordres ; la noblesse se croit encore aux temps barbares de la féodalité ; la reine, le comte d'Artois , se rangent de son bord. Il *faut écraser les vilains*. La Fayette leve le masque ; éleve de Wasington , rien ne l'étonne ; héros s'il réussit, rebelle s'il échoue, 300,000 citoyens le suivent. Le despotisme est écrasé , les traîtres sont immolés , l'aurore de la liberté nationale paroît , et son premier temple lui est élevé sur les ruines de la Bastille.

Tel est le tableau des événemens de la métropole ; celui que nous allons tracer de ceux de la colonie de Saint-Domingue , sera - t-il moins affligeant ?

La catastrophe de d'Estrées, l'attentat d'un

Rohan, digne de l'échafaud comme son conseil, le traître de Quillebœuf, avoient glacé tous les esprits. Le régime de Nolivos, de d'Ennery, n'étoit point propre à leur rendre l'énergie. D'Ennery qui traita les colons comme un commandeur son attelier. Bellecombe, officier de fortune, devient gouverneur; s'il n'eût pas rasé sa moustache, il étoit maréchal de France. Bongars fut son collegue : à cette époque la guerre désoloit la colonie, et cependant elle jouit de quelques nuances de bonheur : bientôt elles alloient s'effacer.

Marbois, d'extraction basse, dont l'éducation servile n'avoit pu relever les sentimens, passe à Saint-Domingue. La Luzerne le suit; c'est à ces deux bachas que la colonie doit des fers.

L'assassinat de la Maugerie avoit en France déshonoré le nom de la Luzerne. Notre héros avoit cru se régénérer en s'alliant à une famille de robe, qui, par les femmes, tenoit au cabaret (1) : sans aucune connoissance de tactique, il devint, comme un autre, ma-

____

(1) La dame Angran, petite-fille de Darlus, marchand de vin, à Paris.

réchal de camp , et recevoit cul-de-sac
Pecquet , les complimens des infortunés
plaideurs , qui s'imaginoient que le gendre
d'un honnête homme ne pouvoit être un
frippon.

Arrivé à Saint-Domingue , voyons comment il s'occupe. Indolent par caractere ,
distrait par ton , il trouve fort doux que
Marbois lui triture la besogne ; il signoit ,
buvoit , mangeoit , faisoit une partie de
Wisk, courtisoit une vieille femme , dont
la peau ressembloit à celle du nopal (1) ,
payoit ses faveurs avec un brevet de procureur du roi , se croyoit un Jussieu, vivoit
au milieu des simples , en corrigeant une
mauvaise traduction de la Cyropédie.

Voilà Montmorin aux affaires étrangeres. Son alliance avec notre gouverneur ,
le fait songer à lui. Suivant les loix du né-
potisme ministériel , la Luzerne est nommé
à la marine , et il n'avoit jamais vu d'autre
navire que celui qui l'avoit vomi au Port-
au-Prince.

A son pédagogue Barbi , il promet recon-

----

(1) La dame Trigant de Beaumont, tante du procureur du roi du Port-au-Prince.

noissance, protection envers et contre tons. De-là les maux qui ont pendant deux ans désolé S. Domingue.

Le satrape sorti des bords de la Mozelle, mesuroit les colons à son aune ; il a gouverné avec sa férule de Monaco, son fouet de palefrenier diplomatique à Dresde ; enfin avec le bâton dont Longchamp l'étrilla à Philadelphie.

Minutieux dans ses détails, vindicatif dans ses opérations, insolent dans ses propos, hautain dans ses audiences, haineux dans ses recouvremens, barbare dans ses exécutions, infidele dans ses comptes, ignare en législation, avare et parcimone dans son ménage ; remplir sa cassette, envoyer ses trésors à la Delaware, a été son unique ambition ; il s'associe une troupe de brigands. Wente, Deschamps, Jauvain, voilà ses courtiers ; Armand, Segui, Morard, voilà ses espions et ses trompettes ; les bienfaits du roi sont mis à prix, les concessions se trafiquent, les réunions deviennent le prix d'un délateur, le citoyen est dépouillé pour enrichir des scélérats. Un seul commis de l'intendance, banqueroutier à Dunkerque, tient dix-sept terres en ses mains : *à Monsieur, il est vrai, j'en rendois moitié.*

Au nom du roi, il agit avec plus de ri-
gueur, qu'un subrecargue Provençal. Taissi,
Confucius, Gesler, tel est son vocabulaire.
Une jeune épouse demande un délai pour son
mari victime d'un marché ruineux, il est
inexorable. Un vieillard depuis 40 ans à
Saint-Domingue, que l'amitié rendit caution,
propose des arrangemens : il refuse. Un
pere de famille, allié d'un ancien général,
s'exécute pour remplir sa caisse, y parvient ;
il bâtit un procès en vol de deniers royaux,
rend un jugement inique ; on le casse au
conseil de S. M. ; l'accusé à Saint-Domingue
est déclaré innocent. De l'or, ma commission, de l'or, cela seul fait tressaill'r son
ame. Son ame, grand Dieu ! Barbi n'en a
point ; la nature ne lui donna qu'un gesier :
puisse un vautour en faire un nouveau Pro-
méthée.

Rendons-lui néanmoins justice, il chérit
tous les metzins ; un sot, un coquin, est-il
son compatriote, devant Monseigneur, il
trouve grace, appui, protection ; ainsi il a
colloqué au conseil de Trionval : ainsi il
a doté le siege de Chappe S. Marc de deux
anciens pensionnaires de Marenville. Ils se-
ment le trouble parmi les affaires ; cela lui

est égal. *On leur en veut , parce que je les protege.*

Pendant un an Vincent fut son collogue ; par imbécillite il devient son complice , et puis on le berçoit de l'espoir d'une gratification , et il obéissoit, prioit Marbois de n'avoir aucun égard aux sentences obtenues contre lui, aux ordres du ministre accordées à des créanciers de 15 ans (1).

. Dans la Métropole de pareils abus se dénoncent aux cours ; le ministere publio s'énorgueillit de cette noble fonction. Notre procureur général , la Mardelle , est bien plus complaisant ; il faudroit qu'il se dénonçât lui-même ; il ne doit sa place qu'au

———————————————

(1) Il suffit à Saint-Domingue de tenir aux états-majors ou au conseil pour ne plus payer ses dettes. M. de Loppinoi doit plus de 600,000 liv. et il se moque de ceux qui ont la crédulité de lui donner à crédit. Des negres, dit-il à un négociant, ou jamais je ne ferai exécuter les ordonnances à votre requête. M. la Mardelle doit au moins 500.000 liv. Mais ce qui est plus affreux, c'est un sieur Borgella , avec 5,000,000 de bien, qui doit depuis deux ans à l'huissier la Veliotte 2,300 livres, prix d'une adjudication à la vente de Molmaure ! Eh bien , il est impudent comme un Hidalgo !

rôle de Bonneau dont il s'acquittoit si loya-
lement auprès du marquis de Chanteloup ;
un in-folio ne suffiroit pas pour donner
l'extrait de ses œuvres. Mandé en France,
il *sera pendu*, disent les colons. Le fils
de perruquier est madré ; il s'introduit
dans l'anti-chambre de la comtesse de Blois,
se glisse dans sa garde-robe, lui rend les
services du lieu, du moment ; le bidet de
Laïs est pour lui la piscine de Siloë ; un
gentilhomme oublie ses rasoirs : le voilà
son gendre, et la Mardelle, conseiller
d'état.

Orgueilleux d'une simarre à brevet, il
se croit un d'Aguesseau ; fait des loix, des
ordonnances, des réglemens, sous le ca-
chet de Barbi, de la Luzerne ; on les présente au conseil ; Montmorin fait tout passer
en faveur de l'alliance ; et la partie du Nord
n'a plus de magistrats, et la plaidoierie est
supprimée, et tout se juge à huis clos, le
tripot de Saint-Domingue est un bois de
Bondy. La Mardelle s'en moque : au dé-
triment des anciens magistrats, il voit ses
émolumens augmentés, présent ou absent ;
il perçoit toujours ; il vexe, tourmente
juges, avocats, procureurs, huissiers, veut
qu'il

qu'il n'y ait que lui de frippon. C'est Car-
touche faisant la guerre aux filoux.

La divinité nous envoye du Chilleau, il
voit les abus, tente de les réformer, mille
difficultés naissent sous ses pas ; prévoyant
une disette, il ouvre nos ports aux farines
américaines ; son ordonnance est improuvée
par l'intendant ; *ergò*, par la Luzerne. Il
vouloit que son ami fût le fournisseur de
sa Colonie, fût le boulanger des habitans
pour avoir le barbare plaisir de les empoi-
sonner tous.

Le marquis du Chilleau parcourt la ban-
de du Sud. Des terres fertiles s'offrent à
ses regards ; elles n'attendent que des bras.
Il sait que l'avide spéculateur de la métropole n'envoie, dans cette partie, que le
rebut des Africains ; que souvent aux atté-
rages des Antilles, un navire françois traite
des noirs rejettés par les planteurs. Pour le
philosophe, l'administrateur éclairé, les ordonnances prohibitives d'un ministre sou-
doyé par les chambres des communes, ne
sont rien ; d'un seul coup, le marquis du
Chilleau les anéantit ; le commerce est af-
franchi de ses entraves, liberté du pavillon
dans la partie du Sud.

B

Cette ordonnance bienfaisante , avantageuse même à la métropole , délecte Marbois. « Bon , dit-il à la Mardelle, c'est une
» bévue, il est perdu ; requérez l'enregistre-
» ment, notre féal ami ; et la loyauté du
» vainqueur de la Dominique ne voit pas,
» dans la facilité du procureur-général , son
» complot avec l'intendant ».

Dégoûté , rebuté , toujours assailli de
plaintes contre le brigandage des valets de
l'intendant , il se détermine à se rendre aux
pieds du trône pour y défendre la colonie ,
sa famille , ses enfans.

« Brave militaire ! pourquoi ne pas sui-
» vre les impulsions de ton ame indignée ?
» Pourquoi ne pas chasser le sanglier
» d'Erimante qui désole nos cantons ?
» au milieu de nous , tu n'as rien craint,
» et jamais le fetfa de la Porte françoise
» n'a été exécuté ».

Regrets inutiles. Le marquis du Chilleau
n'avoit pas encore quitté Saint-Domingue ,
et déjà il avoit un successeur. Etayé de
Montmorin , la Luzerne intrigue , quatre
lignes royales sont - écrites à Barbi. Une
lettre de caisse envoie un chef d'escadre
pour général. Le conseil de Saint-Domin-

gue enregistre ce Firman. Nul membre ne réclame ; et Peyna, endoctriné à Versailles, se laisse conduire par Marbois ; il n'est que son mannequin. Marbois est gouverneur et intendant ; et sous l'égide de la Luzerne, il a la fatuité d'écrire au grand administrateur. Il s'imagine qu'il remplacera celui que l'on regarde comme un autre Colbert.

C'est trop long-temps souffrir les abus. Jusqu'à quand 50 mille citoyens et 400 mille esclaves seront-ils le jouet de visirs ignares, audacieux, de satrapes insolens ? Jusqu'à quand seront-ils soumis aux caprices d'une prostituée, les chefs, les magistrats seront ses créatures, et à des mains aussi indignes seront confiées notre fortune, notre honneur, notre vie ?

Nous ne sommes pas sous l'empire du Croissant pour commander à des esclaves. Il faut être libre. Le pacte est rompu entre le cabinet de Versailles et la Colonie. Au premier moment, on nous vendra à l'étranger comme la Louisiane. Washington nous a montré l'exemple. Chassons à jamais les instrumens du despotisme.

Citoyens, prenez garde à vous ; vos élans patriotiques ont fait frémir les tyrans. On arme les ports. Le gouverneur répand le bruit que la Jamaïque veut nous attaquer ; c'est un mensonge, c'est une ruse d'administration. Albion n'a point oublié la perte de ses colonies ; la plaie saigne encore ; il nous secourra. L'on verra le sang couler, ce sera celui de Marbois, de la Mardelle, nouveaux Vasconcellos. Foulon, Berthier, Flesselles, étoient moins coupables qu'eux.

Point de troubles, point d'émeute ; qu'une sainte union regne entre nous ; que la révolution s'opére avec tranquillité. Gardons-nous d'attenter à la vie de nos freres, de nos amis, des citoyens ; et plus heureux que la métropole, nous ne réaliserons point la funeste prédiction de l'abbé Raynal.

Une nation est comme le vieil eson ; il faut la dépecer, elle ne peut se régénérer que dans un bain de sang.

CONSTITUTIONS.

Il est beau de rêver, quand c'est pour le bonheur du genre humain, et l'abbé de S. Pierre se glorifioit du titre de bonhomme.

RELIGION.

ARTICLE PREMIER.

TOLÉRANCE la plus étendue. La catholique dominante ; les protestans, luthériens, auront des temples ; les Juifs des synagogues ; défenses d'y souffrir aucun esclave, sous les peines les plus séveres contre les rabbins.

ART II.

ÉTANT inutile que les ministres du seigneur soient engraissés des dépouilles du peuple, il n'y aura plus de casuel pour les prêtres au Cap, Port-au-Prince, les Cayes, les curés et vicaires auront le logement, ainsi que dans toutes les autres paroisses ; dans les trois villes susnommées, le curé 12000 livres, le vicaire 5000 ; à Saint-Marc, le curé 8000, le vicaire 4000 ; et dans les autres villes et bourgs de la colonie, les curés 6600, les vicaires 3300 ; défenses d'exiger aucune rétribution des esclaves.

A r t. III.

Le casuel des enterremens, mariages, appartiendra à la ville ou bourg, et sera versé dans une caisse dite de religion, dont le magistrat ou syndic, un négociant, un substitut, auront une clef, et remplaceront les marguilliers qui seront supprimés.

A r t. IV.

Les ministres des autres religions, et les rabbins, seront payés par le consistoire et la synagogue ; les missions seront supprimées, les églises desservies par des prêtres qui n'auront d'autres relations avec les évêques de France et d'Espagne que celles de société, sans reconnoître la hiérarchie.

A r t. V.

Les prêtres seront réguliers dans leurs mœurs exemplaires, dans leur conduite, feront l'office avec dignité ; et dans le cas où

(23)

une fille auroit à se plaindre de son pasteur, elle adressera ses doléances à la ville d'Etat, dans le ressort de laquelle elle sera située, et sur le champ il y sera fait droit.

Art. VI.

Autant qu'il sera possible, il sera établi des maisons de providence, où seront reçus les blancs et gens de couleur libres (la charité ne connoît point les nuances); il seroit utile d'y appeller des sœurs de Saint-Vincent de Paule. L'habitation de Leogane sera donnée à la providence du Port-au-Prince ; celle de Cavaillon à celle des Cayes, à charge de 600 livres tournois de pension viagere pour chaque dominicain actuellement dans la colonie.

GOUVERNEMENT.

Article premier.

Avant la fin de l'année il sera convoqué à Saint-Marc, comme la ville centrale, une assemblée composée de vingt-quatre députés du nord, vingt-quatre de l'ouest, vingt du sud. Dans cette assemblée de soixante-huit membres élus dans les villes du Cap, du Port-

au Prince des Cayes, par des électeurs nom-
més dans chaque quartier, il sera donné à la
colonie cette constitution.

A r t. II.

On créera des états généraux, composés de
vingt-quatre membres, neuf de l'ouest, neuf
du nord, six du sud ; plus un procureur
général, un greffier, un trésorier, huit messagers, trente-cinq membres. Ils tiendront
leurs séances à Saint-Marc ; la maison
Beaucamp Saint-Macary paroîtroit propre
à faire l'hôtel des états. Tous les deux mois
ils s'assembleront ; le président changera à
chaque session. Les membres seront élus tous
les ans à l'assemblée coloniale, en février,
ce temps n'étant celui d'aucune récolte ; les
procureur général, greffier, trésorier, auront seuls des appointemens pour les frais
de bureau, et de la table, qui sera tenue par
le greffier des États.

A r t. III.

Aux états généraux appartiendront les
mêmes pouvoirs, droits, honneurs, préro-
gatives, qu'à leurs hautes puissances de
Hollande ; et à cet effet, l'on examinera cette

constitution. Ils seront qualifiés très-honorables, très-libres seigneurs, les états généraux de Saint-Domingue.

A r t. IV.

On créera des états particuliers au Cap, au Port-au-Prince, aux Cayes ; il sera composé de huit conseillers, un fiscal, un greffier, un trésorier, quatre messagers. Le district de chacun sera réglé à l'assemblée, ainsi que les pouvoirs à l'instar des Provinces-Unies. Toutes les semaines session, changeront de président, *ad turnum*. Comme aux états généraux, les fiscal, greffier, trésorier, auront seuls des appointemens, ils serodt qualifiés honorables et libres seigneurs.

LÉGISLATION.

A r t i c l e p r e m i e r.

Dans la même assemblée il sera créé un sénat appellé le sénat de Saint-Domingue, composé de seize conseillers, deux présidens, un procureur général, deux substituts, un greffier, un commis greffier, un premier appariteur, cinq autres buvetiers, en tout trente membres ; il résidera à Saint-

Marc , ses appointemens seront réglés à l'assemblée.

A r t. II.

Da... même assemblée coloniale , il sera créé des baillages, dans tous les lieux où sont actuellement des sénéchaussées , et ils seront composés d'un bailli , d'un fiscal, d'un greffier , quatre appariteurs ; quant au nombre des conseillers , il sera fixé par l'importance du ressort. A ces bailliages seront réunis les amirautés;il sera créé des chambres consulaires dans les villes du Cap, de Saint-Marc, des Cayes, du Port-au-Prince ; le bailli sera président , même fiscal , même greffier ; il aura pour conseillers cinq négocians qui changeront chaque trimestre , et seront élus dans une assemblée municipale.

A r t. III.

Le bailliage jugera en dernier ressort jusqu'à 4000 livres ; la chambre consulaire jusqu'à 6600 livres : les matieres provisoires seront jugées en l'hôtel du bailli et exécutées nonobstant l'appel , en donnant caution.

A r t. IV.

La justice sera gratuite ; l'on créera des avocats ou procureurs au sénat, aux bailliages :
un avocat reçu au sénat, pourra aller s'éta-
blir dans telle ville de bailliage, et y exercer.

A r t. V.

On nommera un comité de légistes , de
négocians, d'habitans, pour rédiger un code
colonial ; en attendant, l'on suivra la cou-
tume de Paris et les ordonnances de France,
soit celle de 1670, qui sera abrogée de suite ;
et il lui en sera substitué une moins barbare.
En aucun cas, en matieres criminelles, les
bailliages ne jugeront en dernier ressort, et
aucun arrêt de mort ne sera exécuté qu'il
n'ait été ratifié par les états généraux.

MILITAIRE.

Article premier.

A l'assemblée coloniale , on créera un
dictateur général , pour cinq ans ; il aura
séance aux états généraux, sur un fauteuil
parallele à celui du président, et au sénat ,

entre les deux présidens ; il aura une garde
de cinquante hommes de couleur, comman-
dés par des blancs. Les appointemens seront
fixés à l'assemblée ; il faudra qu'il soit marié,
et ait son épouse dans la colonie ; il fera sa
résidence à Saint-Marc, ne pourra s'ab-
senter de la ville sans un congé des états
généraux ; il faudra qu'il ait été officier général au service de quelque puissance.

Art. II.

Il sera capitaine général de toutes les troupes et milices, grand amiral ; il présentera
à toutes les places des services de terre et
de mer, trois sujets qui recevront leurs
commissions des états généraux ou des états
particuliers.

Art. III.

Chaque ville et bourg aura des compa-
gnies de milice, de blancs et de couleur ;
nul ne sera exempt de service, si ce n'est
les députés aux états, et les magistrats.

Art. IV.

Dans les villes d'état il sera créé une légion

dite la Wagenstone , composée de quatre
cent jeunes gens ; ils feront le service
auprès des états généraux et des états particuliers , par détachement. Après quatre
ans de service on sera naturalisé créole.

Art. V.

Création d'un corps de maréchaussée ,
de quatre cents hommes de couleur, com-
mandés par des blancs répartis dans la colonie. Ils feront la patrouille la plus exacte
sur les routes ; seront garans des délits qui
se commettront dans leurs quartiers , s'ils
n'arrêtent pas le coupable.

Art. VI.

Création d'un autre corps de couleur,
qui servira de recrue à la maréchaussée :
il sera destiné à la recherche des negres
marons.

Art. VII.

Nul ne pourra être officier dans les troupes, milices, maréchaussées, s'il n'est créole
ou marié à une créole, ou enfin n'a servi huit
ans. Pour soulager le bourgeois, on traitera

avec le prince de Hesse , d'un corps de 3000 hommes, qui seront répartis dans la Colonie, comme les régimens du cap et du Port-au-Prince : les bas-officiers seront allemands , mais les officiers seront créoles mariés , et leurs épouses dans la colonie ; ils auront la garde des forts : les commandans la même obligation que ci-dessus.

A r t. VIII.

En attendant que la république puisse se former une marine , on traitera avec une puissance , de trois frégates , pour croiser et veiller à la sûreté de l'isle : l'obligation d'être marié pour les officiers.

POLICE.

Article premier.

Autant que faire se pourra , les villes seront entourées d'un fossé , et auront des portes , dont les clefs, à neuf heures , seront remises chez le président ou syndic. A huit heures les troupes seront au quartier. La patrouille bourgeoise commencera à quatr............. des portes.

Art. II.

Il sera fait un recensement exact des blancs, pour connoître l'état d'un chacun. Les vagabonds seront distribués sur des habitations dans le Morne ; et après six mois, reconnus mauvais sujets, la république les enverra en Europe.

Art. III.

Tout étranger qui arrivera dans une ville ou bourg ; sera tenu de remettre son nom chez le syndic ou président. Quand un navire arrivera, le capitaine représentera ses passagers ; ils seront interrogés sur les motifs de leur voyage, leur état ; et après trois mois, s'ils ne s'occupent point, ils seront rembarqués.

Art. IV.

Défenses aux esclaves de vaguer la nuit ; de s'assembler, on s'occupera du soin d'améliorer leur sort. Tous les trois mois visites des habitations, par un membre du bailliage ; il rendra compte de sa tournée aux états.

FINANCES.

Les impôts seront versés directement dans la caisse du trésorier de la ville d'état, et ensuite renvoyés au trésor public, suivant la contribution aux charges.

COMMERCE.

Article premier.

Liberté des pavillons dans tous les ports de la république. Nul impôt sur les denrées d'Europe, ils ne porteront que sur les denrées coloniales, en les embarquant.

Art. II.

La colonie devant des sommes considérables à la France, il sera avisé aux moyens de la libérer le plus promptement. La régie, sous l'inspection des états, avec une pension à l'habitant, paroît la voie la plus sûre (1).

------

(1) La liberté du commerce sera avantageuse aux ports de France ; l'armateur sera plus prompte-

ÉDUCATION.

ÉDUCATION.

U n e université à Saint - Marc , trois colleges au Port-au-Prince ; aux Cayes et au cap , des maisons d'institution pour les demoiselles. Deux fois l'année , les villes d'états assembleront les éleves , distribueront des prix ; les dames couronneront les demoiselles ; les maîtres , après deux ans, seront naturalisés créoles ; nulle communication entre les enfans et les esclaves ; autant qu'il sera possible , un lycée dans les villes.

POLITIQUE.

ARTICLE PREMIER.

Copie des mémoires , des constitutions et du code, sera envoyée aux différentes puis-

---

ment payé ; d'ailleurs la colonie a enrichi Nantes et Bordeaux : comment ces villes étoient-elles bâties au commencement de ce siècle ? Enfin , est - il absolument nécessaire qu'on nous vende 2800 livres un Nègre qui ne revient pas au négociant à 800 livres ; c'est placer son argent à deux cent et demi pour cent.

C

sances et places de commerce. La république demandera si l'on veut reconnoître son indépendance , recevoir ses agens , et en envoyer.

A r t. II.

La république offrira à la France de se mettre sous sa protection ; et en effet , il sera payé à S. M. T. C. , tous les ans une somme , à titre de présent et non de tribut.

Enfin , dans chaque assemblée coloniale , pour le maintien des bonnes mœurs , la base de tout état , il sera créé , pour huit jours seulement , un tribunal nommé la cour d'honneur , composé d'anciens magistrats , députés notables , habitans , négocians , au nombre de vingt-quatre ; à ce tribunal seront indistinctement appellés tous citoyens , même le dictateur. Les plaintes seront adressées , quinze jours avant l'assemblée , au procureur général , et signées. Si les faits sont démontrés vrais , la cour réprimandera l'accusé , même l'interdira de ses fonctions , pendant huit jours , au plus un mois. L'accusation reconnue calomnieuse , le déla-

teur payera cent portugaises, sans dé-
port, qui seront versées dans la caisse de
religion de la ville où demeurera l'accusé ;
il demandera pardon en pleine assemblée.
La cour n'aura qu'une séance de huit jours,
et ne devra compte de ses jugemens qu'à
l'assemblée coloniale.

Fait au Cap, ce premier octobre 1789.